Impressum
Verlag: BABADADA GmbH, Nedderfeld 112 , 22529 Hamburg
Geschäftsführer / Verlagsleitung: Harald Hof
Druck: Books on Demand GmbH, In de Tarpen 42, 22848 Norderstedt

Imprint
Publisher: BABADADA GmbH, Nedderfeld 112 , 22529 Hamburg, Germany
Managing Director / Publishing direction: Harald Hof
Print: Books on Demand GmbH, In de Tarpen 42, 22848 Norderstedt, Germany

sukuu

die Schule

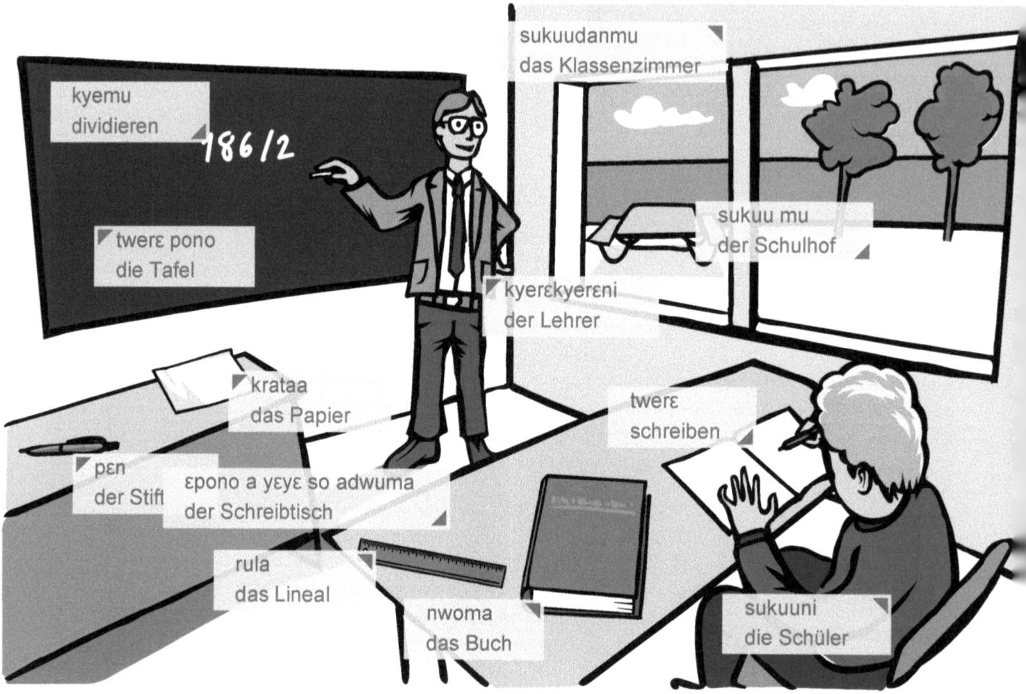
sukuudanmu
das Klassenzimmer
kyemu
dividieren
186/2
twerɛ pono
die Tafel
sukuu mu
der Schulhof
kyerɛkyerɛni
der Lehrer
krataa
das Papier
twerɛ
schreiben
pɛn
der Stift
ɛpono a yɛyɛ so adwuma
der Schreibtisch
rula
das Lineal
nwoma
das Buch
sukuuni
die Schüler

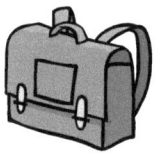

baage

der Ranzen

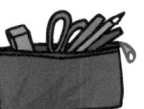

twerɛdua konko

die Federmappe

twerɛdua

der Bleistift

deɛ yɛde sensen twerɛdua ano

der Bleistiftanspitzer

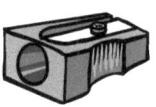

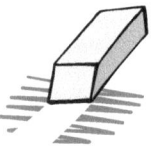

rɔba

das Radiergummi

krataa a yɛdwi adeguso

der Zeichenblock

adedwie

die Zeichnung

penti brɔhye

der Pinsel

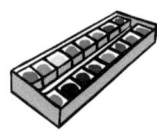

penti adaka

der Malkasten

apasɔɔ

die Schere

aman

der Klebstoff

nwoma a yɛyɛ mu adwuma

das Übungsheft

efie adwuma

die Hausaufgabe

nɔma

die Zahl

kabom

addieren

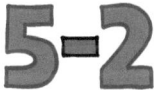

te fri mu

subtrahieren

mmɔho

multiplizieren

sese

rechnen

lɛtɛ

der Buchstabe

ntwerɛeɛ

das Alphabet

asɛmfua

das Wort

ntwerɛdeɛ

der Text

kenkan

lesen

kyɔk

die Kreide

adesua

die Stunde

twerɛ wo din

das Klassenbuch

nsɔhwɛ

die Prüfung

abodinkrataa

das Zeugnis

sukuu ataadeɛ

die Schuluniform

adesua

die Ausbildung

nyansa nwoma

das Lexikon

suapɔn

die Universität

maakroskop

das Mikroskop

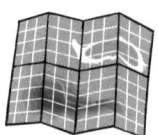

map

die Karte

kɛntɛn a yɛde krataa nwura gu mu

der Papierkorb

ahɔhogyebea
das Hotel

Grand

hostɛl
die Herberge

ROOMS

baabi a yɛ sesa sika
die Wechselstube

EXCHANGE

potomanto
der Koffer

kaa
das Auto

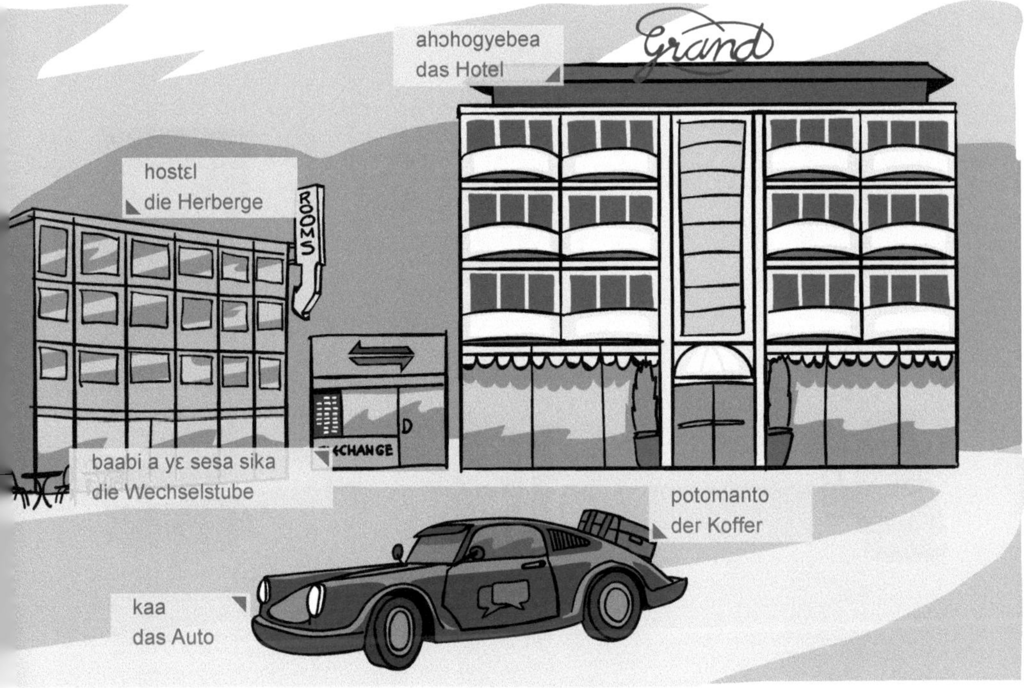

kasa

die Sprache

aane / dabi

ja / nein

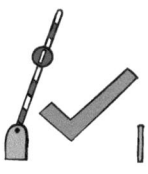

Yoo

Okay

hɛlo

Hallo

kasa asekyerɛfoɔ

der Übersetzer

Medaase

Danke

...bɔɔ yɛ sɛn?

Was kostet...?

Me nte aseɛ

Ich verstehe nicht

ɔhaw

das Problem

Maadwo!

Guten Abend!

Maakye!

Guten Morgen!

Dayie!

Gute Nacht!

baibai o

Auf Wiedersehen

akwankyerɛ

die Richtung

wo nneɛma

das Gepäck

bɔtɔ

die Tasche

akyirebotɔ

der Rucksack

ɔhɔhoɔ

der Gast

danmu

das Zimmer

bɔtɔ a yɛda mu

der Schlafsack

ntomadan

das Zelt

nsɛm dema wɔn a wɔkɔ
nsrahwɛ
die Touristeninformation

mpoano

der Strand

kaade a yɛde yi sika

die Kreditkarte

anɔpa aduane

das Frühstück

awua aduane

das Mittagessen

anwumerɛ aduane

das Abendessen

tiket

die Fahrkarte

pegya

der Fahrstuhl

stamp

die Briefmarke

ɛhyeɛ so

die Grenze

kutɔmfoɔ

der Zoll

embasi

die Botschaft

visa

das Visum

passpɔt

der Pass

akɔneabadie
der Transport

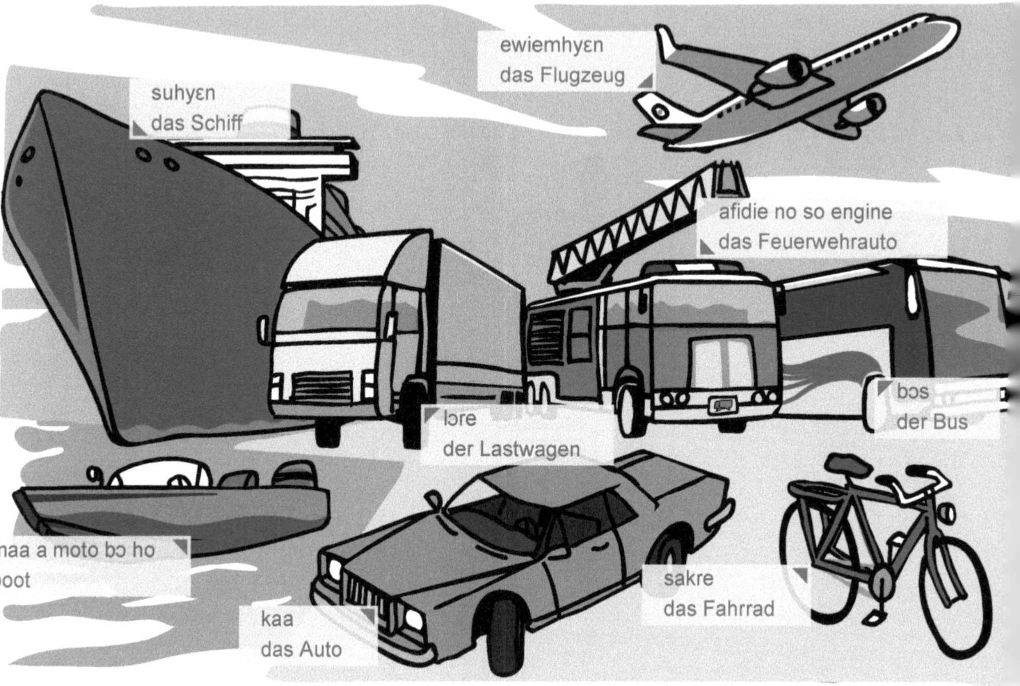

ewiemhyɛn
das Flugzeug
suhyɛn
das Schiff
afidie no so engine
das Feuerwehrauto
bɔs
der Bus
lɔre
der Lastwagen
maa a moto bɔ ho
boot
sakre
das Fahrrad
kaa
das Auto

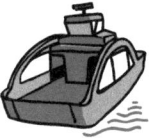

hyɛma
....
die Fähre

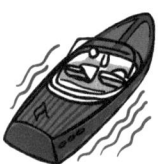

suhyɛn kumaa
....
das Boot

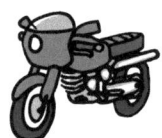

motosakre
....
das Motorrad

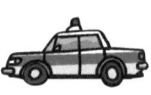

polisifoɔ kaa
....
das Polizeiauto

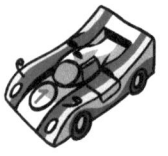

kaa a ɛkɔ mirika akansie
....
das Rennauto

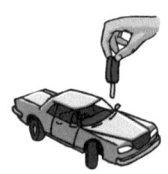

kaa a yɛde ma ahan
....
der Mietwagen

wɔre kyɛ kaa

das Carsharing

ɔre a asɛeɛ

der Abschleppwagen

bɔɔla kaa

das Müllauto

moto

der Motor

pɛtro

der Kraftstoff

baabi a yɛbu pɛtro

die Tankstelle

trafik ahyɛnsodeɛ

das Verkehrsschild

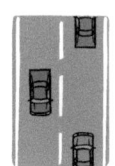

trafik

der Verkehr

trafik akye

der Stau

baabi a yɛde kaa esi

der Parkplatz

keteke gyinabea

der Bahnhof

keteke kwan

die Schienen

keteke

der Zug

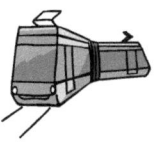

tram

die Straßenbahn

ponkɔ kaa

der Wagon

helikopta

der Helikopter

ewiemhyɛnbea

der Flughafen

abansoro

der Tower

apasingyani

der Passagier

tontowa

der Container

adaka

der Karton

kaate

der Karren

kɛntɛn

der Korb

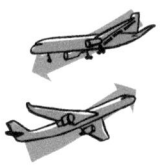

atu / asi fam

starten / landen

kuro kɛseɛ

die Stadt

akurase

das Dorf

kuro dwaberɛ mu

das Stadtzentrum

efie

das Haus

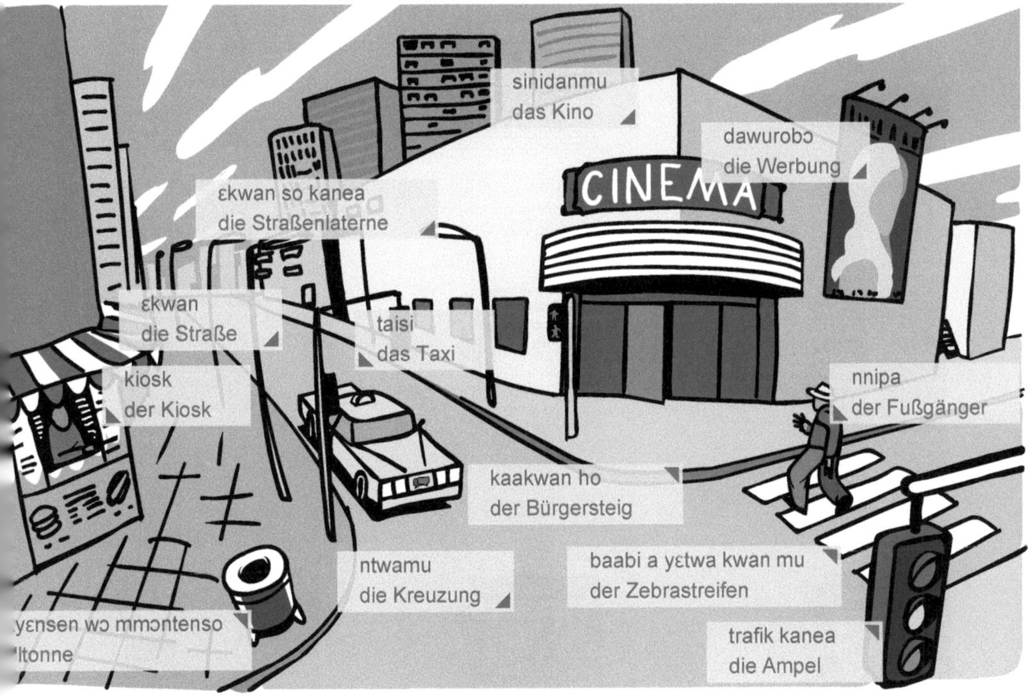

sinidanmu
das Kino

dawurobɔ
die Werbung

ɛkwan so kanea
die Straßenlaterne

CINEMA

ɛkwan
die Straße

taisi
das Taxi

kiosk
der Kiosk

nnipa
der Fußgänger

kaakwan ho
der Bürgersteig

ntwamu
die Kreuzung

baabi a yɛtwa kwan mu
der Zebrastreifen

yɛnsen wɔ mmɔntenso
ltonne

trafik kanea
die Ampel

apata
die Hütte

efie
die Wohnung

keteke gyinabea
der Bahnhof

adwaberɛm
das Rathaus

bea a yɛ kora tete nneɛma
das Museum

sukuu
die Schule

suapɔn

die Universität

sikakrobea

die Bank

ayaresabea

das Krankenhaus

ahɔhogyebea

das Hotel

famasi

die Apotheke

asoeɛ

das Büro

sotɔɔ a wɔtɔn nwoma

die Buchhandlung

sotɔɔ

das Geschäft

baabi yɛtɔn nhwiren

der Blumenladen

sotɔɔpɔn

der Supermarkt

edwam

der Markt

sotɔɔ kɛseɛ

das Kaufhaus

baabi a yɛtɔn mpataa

der Fischhändler

dwadibea kɛseɛ

das Einkaufszentrum

suhyɛn gyinabea

der Hafen

baabi kaa gyina
der Park

bɛnkye
die Bank

ɛtwene
die Brücke

atwedeɛ
die Treppe

asaase ase
die U-Bahn

ɛbɔn
der Tunnel

baabi a bɔs gyina
die Bushaltestelle

nsanombea
die Bar

adidibea
das Restaurant

lɛta adaka
der Briefkasten

ɛkwan so akwankyerɛ
das Straßenschild

baabi kaa gyina ho mita
die Parkuhr

zoo
der Zoo

nsuo a yɛ dware mu
die Badeanstalt

nkramodan
die Moschee

afuo
....
der Bauernhof

deɛ egu mmɔnten so fi
....
die Umweltverschmutzung

asieɛ
....
der Friedhof

asɔre
....
die Kirche

agodibea
....
der Spielplatz

asɔre dan
....
der Tempel

mmɔnten so asiesie
die Landschaft

ahaban
das Blatt

sanbɔd
der Wegweiser

kwan
der Weg

asaase a ɛsere wɔ so
die Wiese

boba
der Stein

dua
der Baum

ɔnantefoɔ
der Wanderer

asubɔnten
der Fluss

ɛsereɛ
das Gras

nhwiren
die Blume

amenamu

das Tal

bepɔ

der Berg

tadeɛ

der See

kwaeɛ

der Wald

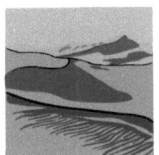

ɛserɛ so

die Wüste

egya a efri botan mu

der Vulkan

abankɛseɛ

das Schloss

nyankontɔn

der Regenbogen

emere

der Pilz

abɛtene

die Palme

ntomntom

der Moskito

tu

die Fliege

ntɛtea

die Ameise

wowa

die Biene

ananse

die Spinne

amankuo

der Käfer

aponkyereni

der Frosch

opuro

das Eichhörnchen

apɛsɛ

der Igel

adanko

der Hase

patuo

die Eule

anomaa

die Vogel

nsuo mu dabodabo

der Schwan

kɔkɔte

das Wildschwein

adoa

der Hirsch

ɔtweenini

der Elch

dam

der Staudamm

wind turbine afidie

das Windrad

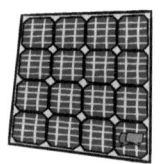

afidie a ɛkye awia

das Solarmodul

wiem nsakraeɛ

das Klima

ɔsom adidieɛ
der Kellner

aduane a ɛwɔ hɔ
die Speisekarte

akonwa
der Stuhl

nkwan
die Suppe

pisa
die Pizza

ntoma a ɛse pono so
die Tischdecke

ntere a yɛde didi
das Besteck

mprampra anom

die Vorspeise

aduane no ankasa

das Hauptgericht

mpa anom

die Nachspeise

nsa

die Getränke

aduane

das Essen

toa

die Flasche

aduane hyewhyew

das Fastfood

abɔnten so aduane

das Streetfood

tii kukuo

die Teekanne

asikyire konko

die Zuckerdose

wo kyɛfa

die Portion

espresso afidie

die Espressomaschine

akonwa tenten

der Hochstuhl

wo ka

die Rechnung

apanpan

das Tablett

sekan

das Messer

adinam

die Gabel

atere

der Löffel

atere ketewa

der Teelöffel

napkin a yɛde pepa ano

die Serviette

glase

das Glas

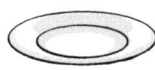

prɛte
....
der Teller

kwan kyɛnsee
....
der Suppenteller

prɛte ketewa
....
die Untertasse

abomu
....
die Sauce

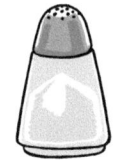

nkyene kukuo
....
der Salzstreuer

yɛde yam mako
....
die Pfeffermühle

fenega
....
der Essig

anwa
....
das Öl

aduhwam
....
die Gewürze

kɛkyɔp
....
das Ketchup

mustad
....
der Senf

mayones
....
die Mayonnaise

sotɔɔpɔn
der Supermarkt

ntesoɔ soronko
das Angebot
FOR
adetɔfoɔ
der Kunde
nanatwie nufusuo
die Milchprodukte
aduaba
das Obst
hwiili
der Einkaufswagen

BUTCHERS

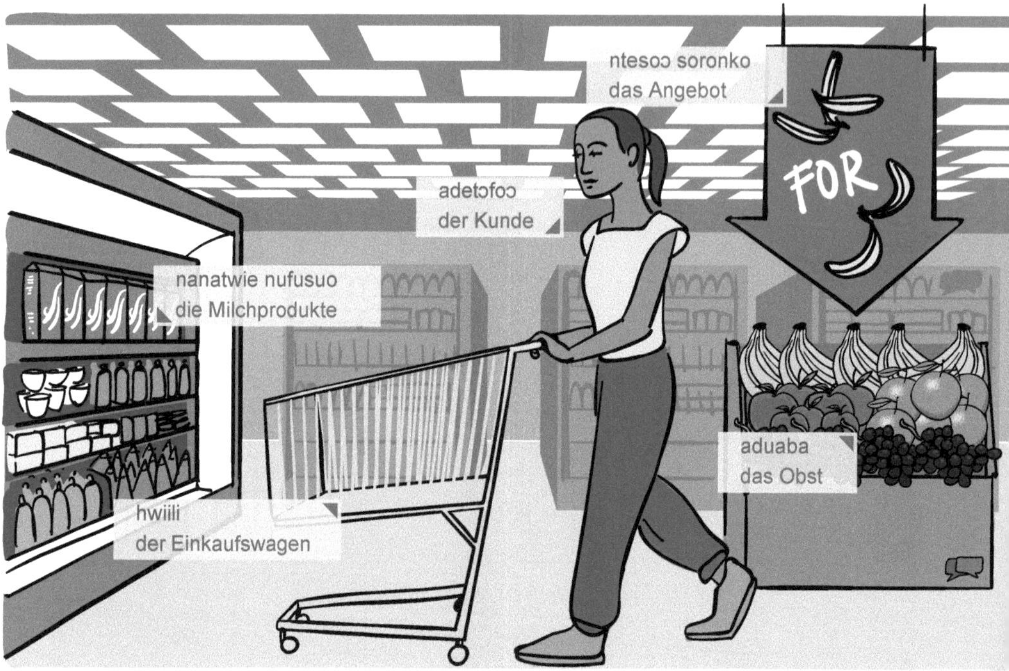

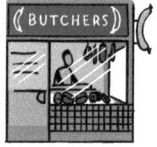

baabi a yɛtɔn nam

die Schlachterei

BAKERY

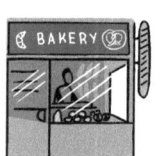

baabi a yɛtɔn paano

die Bäckerei

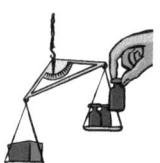

susu

wiegen

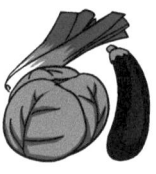

atosodeɛ

das Gemüse

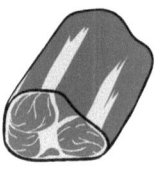

nam

das Fleisch

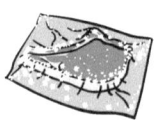

frigyemu aduane

die Tiefkühlkost

nam a adwɔɔ

der Aufschnitt

kyɛnsee mu aduane

die Konserven

paoda samena

das Waschmittel

adedɔkɔdɔkɔ

die Süßigkeiten

efie nneɛma

die Haushaltsartikel

adetɔneɛ a yɛde pepa fin

das Reinigungsmittel

nnipa a ɔtɔn adeɛ

die Verkäuferin

afidie a egye sika

die Kasse

ɔgyegye sika

der Kassierer

rataa a wodi rekɔ di dwa

die Einkaufsliste

berɛ a wɔde bua

die Öffnungszeiten

sikabotɔ

die Brieftasche

kaade a yɛde yi sika

die Kreditkarte

baage

die Tasche

rɔba baage

die Plastiktüte

nsuo

das Wasser

aduaba mu nsuo

der Saft

nufusuo

die Milch

kok

die Cola

wain nsa

der Wein

biya

das Bier

mmorosa

der Alkohol

kokoo

der Kakao

tii

der Tee

kofe

der Kaffee

espresso

der Espresso

kapukyino

der Cappuccino

kwadu

die Banane

apol

der Apfel

ankaa

die Orange

melon

die Melone

akutɔɔ

die Zitrone

karɔt

die Karotte

garlik

der Knoblauch

pampro

der Bambus

gyeene

die Zwiebel

mmere

der Pilz

nkateɛ

die Nüsse

talia

die Nudeln

spageti

die Spaghetti

ɛmo

der Reis

salad

der Salat

kyipis

die Pommes frites

abrɔdwomaa a y'akye

die Bratkartoffeln

pisa

die Pizza

hambɔga

der Hamburger

sanwekye

das Sandwich

nam a dompe nnim

das Schnitzel

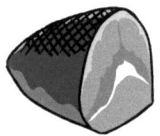

preko nam

der Schinken

nam a y'ahata

die Salami

sɔsege

die Wurst

akokɔ

das Huhn

toto

der Braten

apataa

der Fisch

oosu koko

die Haferflocken

muesli

das Müsli

konflese

die Cornflakes

esam

das Mehl

krossant

das Croissant

paano a y'abobɔ

das Brötchen

paano

das Brot

paano a y'atoto

der Toast

biskete

die Kekse

bɔta

die Butter

nufusuo a ada

der Quark

keeke

der Kuchen

kosua

das Ei

kosua a y'akyeɛ

das Spiegelei

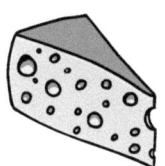

kyiis

der Käse

asskrim

die Eiscreme

asikyire

der Zucker

ɔwoɛ

der Honig

gyaam

die Marmelade

kyokolete

die Nougat-Creme

kɔri

das Curry

afuo
der Bauernhof

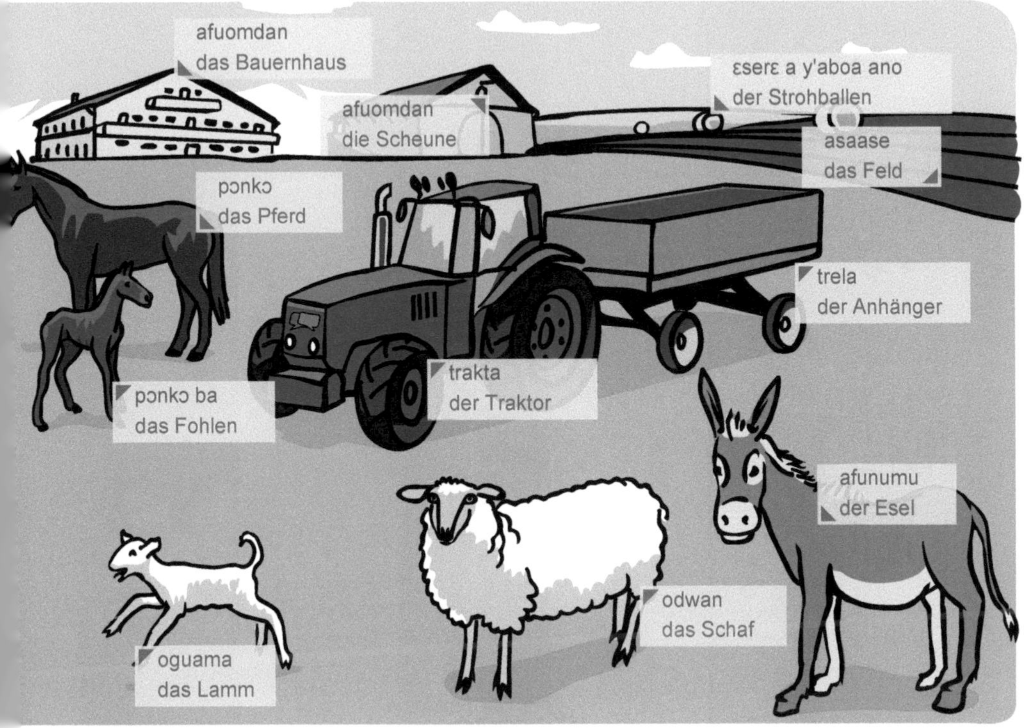

afuomdan
das Bauernhaus
afuomdan
die Scheune
ɛserɛ a y'aboa ano
der Strohballen
asaase
das Feld
pɔnkɔ
das Pferd
trela
der Anhänger
trakta
der Traktor
pɔnkɔ ba
das Fohlen
afunumu
der Esel
odwan
das Schaf
oguama
das Lamm

apɔnkye
die Ziege

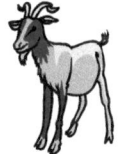

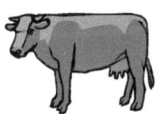

nantwie
die Kuh

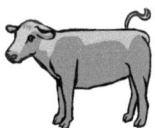

nantwie ba
das Kalb

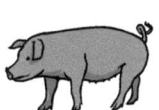

prɛko
das Schwein

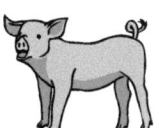

prɛko ba
das Ferkel

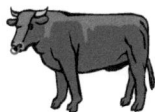

nantwinini
der Bulle

dabodabo nua

die Gans

dabodabo

die Ente

akokɔba

das Küken

akokɔbedeɛ

das Huhn

akokɔnini

der Hahn

kusie

die Ratte

ɔkra

die Katze

akura

die Maus

nantwinini

der Ochse

kraman

der Hund

kraman buo

die Hundehütte

afuom drobɛn

der Gartenschlauch

tontora a yɛde gu nsuo

die Gießkanne

sekan a yɛde twa aburo

die Sense

funtum dadeɛ

der Pflug

kɔntɔnkrɔ

die Sichel

asɔ

die Hacke

afuom adinam

die Mistgabel

akuma

die Axt

hweebaro

die Schubkarre

adidika

der Trog

nufusuo konko

die Milchkanne

bɔtɔ

der Sack

ɛban

der Zaun

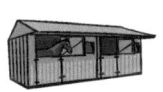

pɔnkɔ dan

der Stall

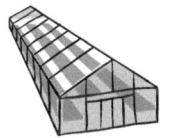

ntomadan a yɛyɛ mu afuo

das Treibhaus

anwea

der Boden

aba

die Saat

ɔyɛ asaaseyie

der Dünger

otwaberɛ trakta

der Mähdrescher

twa

ernten

otwaberɛ

die Ernte

bayerɛ

die Yamswurzel

ayuo

der Weizen

soya

das Soja

abrɔdwomaa

die Kartoffel

aburo

der Mais

repu aba

der Raps

dua a ɛso aba

der Obstbaum

bankye

der Maniok

aburo asefoɔ

das Getreide

efie
das Haus

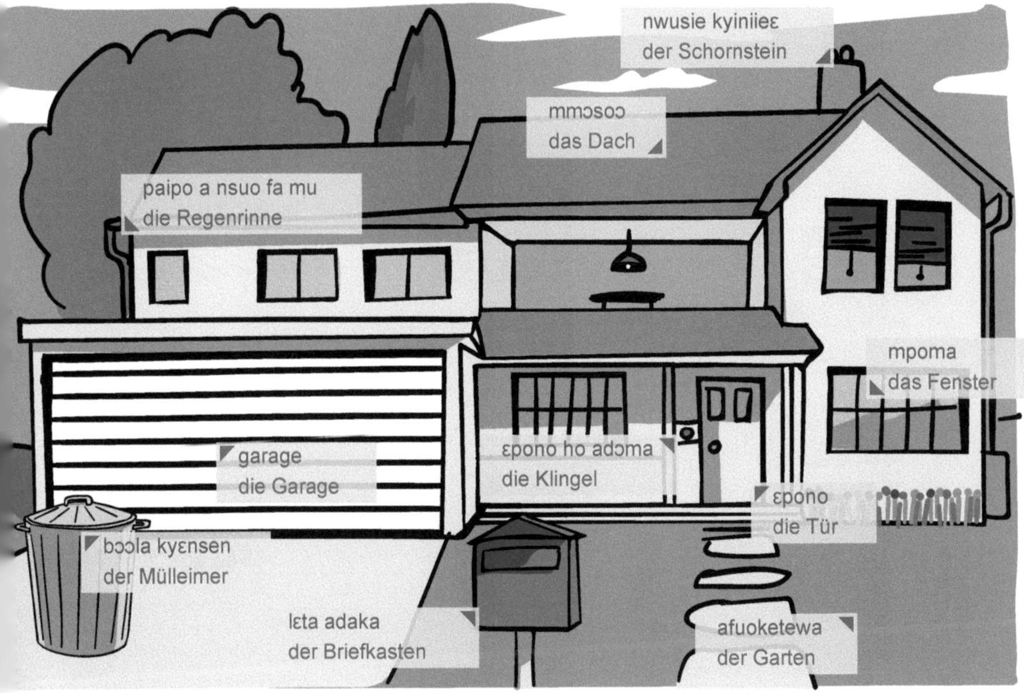
nwusie kyiniieɛ
der Schornstein
mmɔsoɔ
das Dach
paipo a nsuo fa mu
die Regenrinne
mpoma
das Fenster
garage
die Garage
ɛpono ho adɔma
die Klingel
ɛpono
die Tür
bɔɔla kyɛnsen
der Mülleimer
lɛta adaka
der Briefkasten
afuoketewa
der Garten

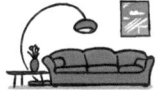

asaso

das Wohnzimmer

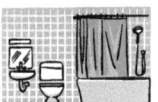

adwareɛ

das Badezimmer

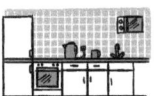

mukaase

die Küche

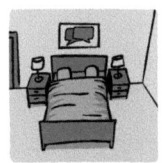

pie mu

das Schlafzimmer

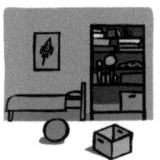

nkwadaa dan mu

das Kinderzimmer

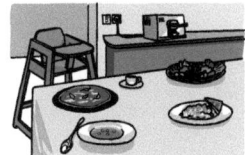

dan a yɛdidi mu

das Esszimmer

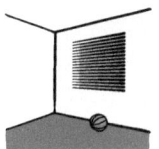

ɛfam

der Boden

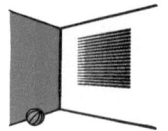

ɛban

die Wand

abruuso

die Decke

danbloo

der Keller

adwereɛ a ɛbɔ ɔhyew

die Sauna

abranaa

der Balkon

abranaaso

die Terrasse

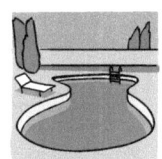

nsuo a yɛdware mu

das Schwimmbad

afidie a yɛde dɔ

der Rasenmäher

nsɛfam

der Bettbezug

ntoma a ɛse kɛtɛ so

die Bettdecke

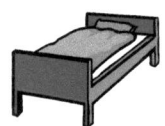

mpa

das Bett

prayɛ

der Besen

bokiti

der Eimer

dane

der Schalter

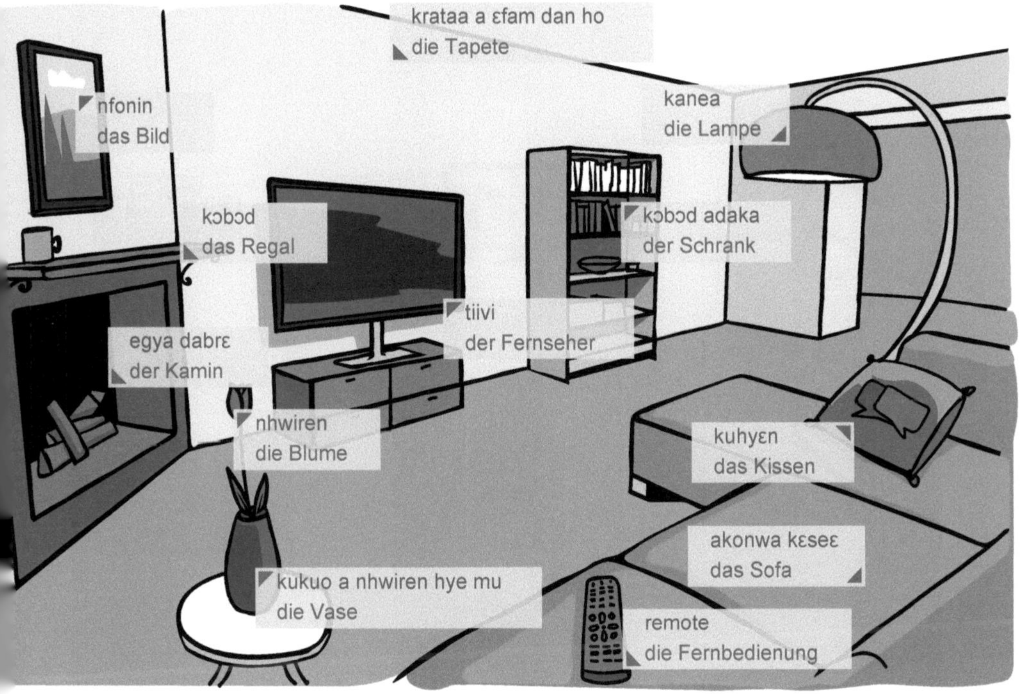

krataa a ɛfam dan ho
die Tapete

nfonin
das Bild

kanea
die Lampe

kɔbɔd
das Regal

kɔbɔd adaka
der Schrank

tiivi
der Fernseher

egya dabrɛ
der Kamin

nhwiren
die Blume

kuhyɛn
das Kissen

akonwa kɛseɛ
das Sofa

kukuo a nhwiren hye mu
die Vase

remote
die Fernbedienung

kapɛte

der Teppich

ntwaa dan mu

der Vorhang

ɛpono

der Tisch

akonwa

der Stuhl

akonwa a ehinhim

der Schaukelstuhl

akonwa a yɛgyegye dan

der Sessel

nwoma

das Buch

kuntu

die Decke

dan mu nsiesie

die Dekoration

egya

das Feuerholz

sini

der Film

wailɛs

die Stereoanlage

safoa

der Schlüssel

koowaa krataa

die Zeitung

nfonin a y'adwi

das Gemälde

nfam danho

das Poster

radio

das Radio

krataa a yɛ twere mu

der Notizblock

afidie a ɛprapra

der Staubsauger

kaktus

der Kaktus

kyɛnere

die Kerze

mukaase
die Küche

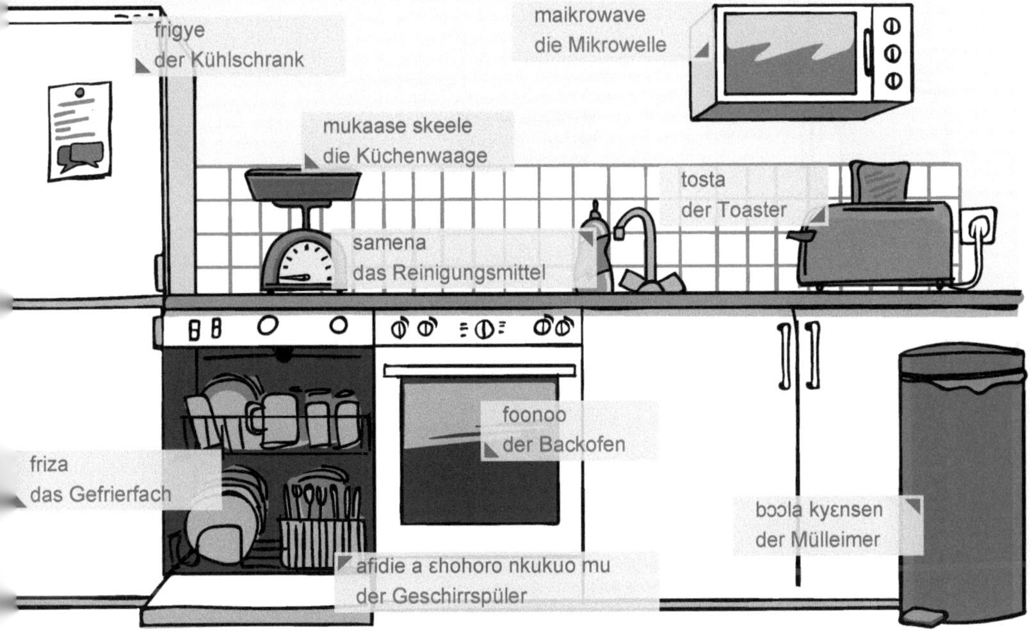
frigye
der Kühlschrank
maikrowave
die Mikrowelle
mukaase skeele
die Küchenwaage
tosta
der Toaster
samena
das Reinigungsmittel
foonoo
der Backofen
friza
das Gefrierfach
bɔɔla kyɛnsen
der Mülleimer
afidie a ɛhohoro nkukuo mu
der Geschirrspüler

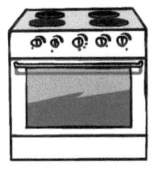

abɛɛfo bukyea

der Herd

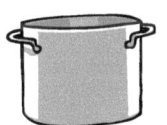

kokuo

der Topf

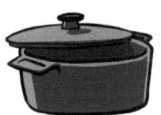

dadesɛn

der Eisentopf

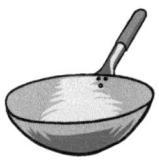

wok / kadai

der Wok / Kadai

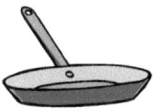

kyɛnsee

die Pfanne

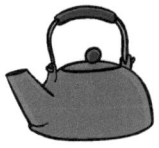

nsuo hyeɛ afidie

der Wasserkocher

stiima

der Dampfgarer

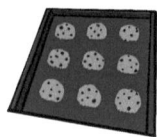

apa a yɛ to so adeɛ

das Backblech

prɛte, kuruwa, ntere ne nea ɛkeka ho

das Geschirr

kuruwa a etumi bɔ

der Becher

kyɛnsee

die Schale

nnua a yɛde didi

die Essstäbchen

kwantre

die Suppenkelle

dua atere

der Pfannenwender

yɛde nu adeɛ mu

der Schneebesen

sɔneɛ

das Kochsieb

fefe

das Sieb

greta

die Reibe

waduro

der Mörser

kyinkyinga

der Grill

bukyea

die Feuerstelle

ɛpono a yɛ twitwaso adeɛ
....
das Schneidebrett

ɛta
....
das Nudelholz

deɛ yɛtu nsa so
....
der Korkenzieher

konko
....
die Dose

deɛ yɛde bue konko so
....
der Dosenöffner

yɛde sɔ kukuo mu
....
der Topflappen

sink
....
das Waschbecken

brɔhye
....
die Bürste

sapɔ
....
der Schwamm

aduane yam fidie
....
der Mixer

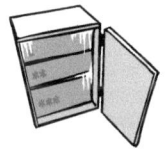

friza nini
....
die Gefriertruhe

toa a abɔdoma nom ano
....
die Babyflasche

paipo
....
der Wasserhahn

adwareɛ

das Badezimmer

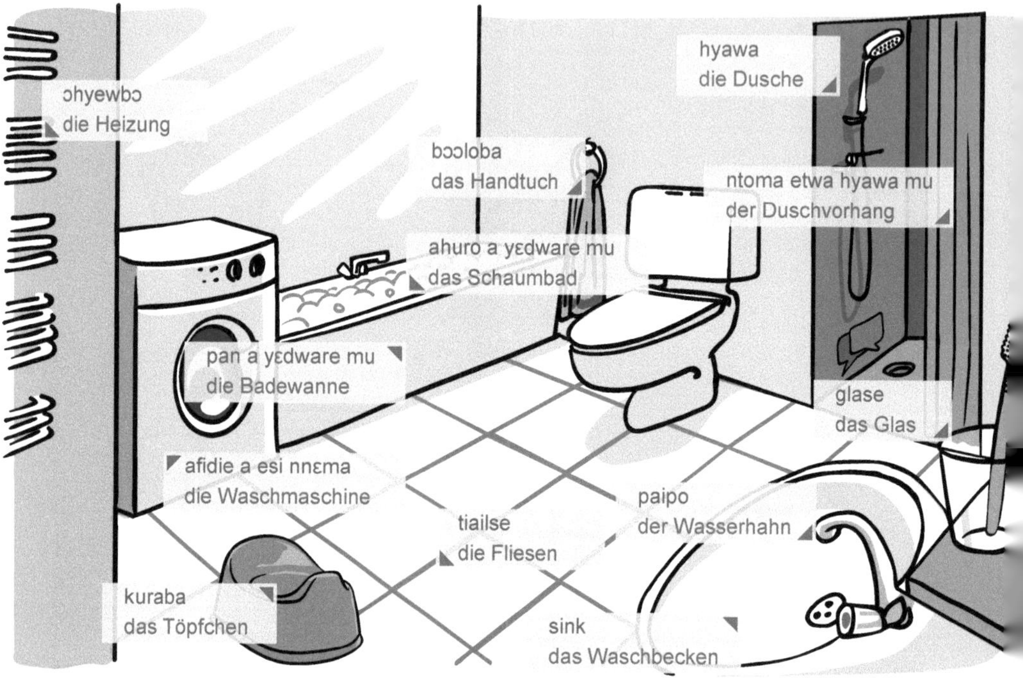

ɔhyewbɔ
die Heizung
bɔɔloba
das Handtuch
hyawa
die Dusche
ntoma etwa hyawa mu
der Duschvorhang
ahuro a yɛdware mu
das Schaumbad
pan a yɛdware mu
die Badewanne
glase
das Glas
afidie a esi nnɛma
die Waschmaschine
paipo
der Wasserhahn
tiailse
die Fliesen
kuraba
das Töpfchen
sink
das Waschbecken

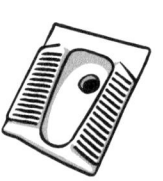

teɛfi

die Toilette

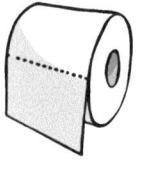

teɛfi a yɛ koto so

die Hocktoilette

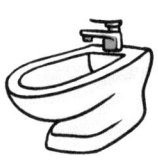

bidet teɛfi

das Bidet

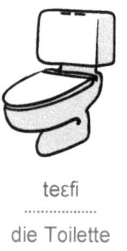

dwonsɔ dan

das Pissoir

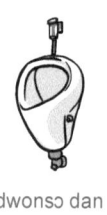

teɛfi so krataa

das Toilettenpapier

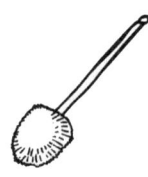

teɛfi so brɔhye

die Toilettenbürste

brohye a yɛde twitwiri see

die Zahnbürste

aduro a yɛde twitwiri see

die Zahnpasta

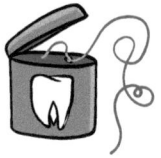

yɛde yiyi ɛsee mu

die Zahnseide

si

waschen

hyawa a yɛsɔ mu

die Handbrause

paipo a yɛde hohoro
ananmu
die Intimdusche

bokiti

die Waschschüssel

brohye a wode dware w'akyi

die Rückenbürste

samena

die Seife

hyawa samena

das Duschgel

nsuo samena

das Shampoo

flanɛl ntoma

der Waschlappen

baabi a nsu fa pue

der Abfluss

nku

die Creme

yɛde fefa amotoamu

das Deodorant

ahwehwɛ

der Spiegel

ahwehwɛ a yɛsɔ mu

der Kosmetikspiegel

bled

der Rasierer

ahuro a yɛde yi nwi

der Rasierschaum

aduro a yɛde fefa baabi a
wo ayi nwi

das Rasierwasser

afen

der Kamm

brɔhye

die Bürste

afidie a ɛwo nwi

der Föhn

enwi sopre

das Haarspray

pɔns

das Makeup

lipstike

der Lippenstift

penti a yɛde mɔreɛ so

der Nagellack

asaawa

die Watte

apasoɔ a etwa mmɔreɛ

die Nagelschere

aduhwam

das Parfum

adware\u025b baage
....
der Kulturbeutel

edwa
....
der Hocker

skele
....
die Waage

adwere\u025b ataade\u025b
....
der Bademantel

r\u0254ba a y\u025bde hy\u025b nsa ho
....
die Gummihandschuhe

tampon
....
das Tampon

ab\u025b\u025bfo amonsen
....
die Damenbinde

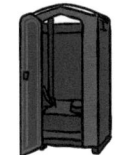

te\u025bfi a aduro gum
....
die Chemietoilette

nkwadaa dan mu

das Kinderzimmer

klɔk a ɛbɔ nkaeɛ
der Wecker
kyoobi
das Kuscheltier
toi kaa
das Spielzeugauto
akasaa
die Rassel
broniba dan
das Puppenhaus
seeseiara
das Geschenk

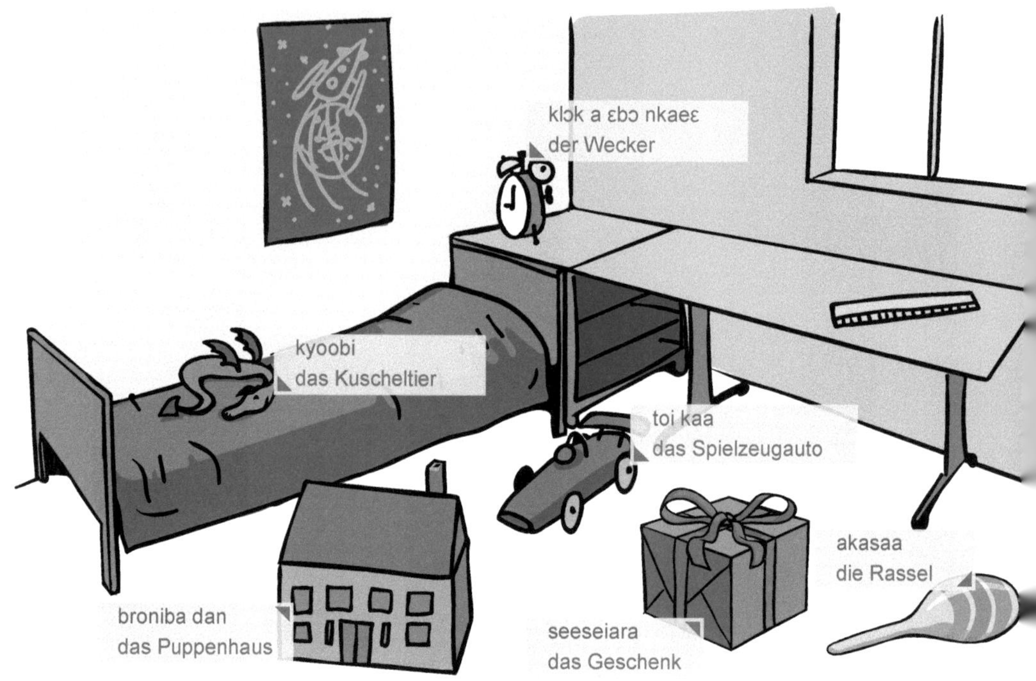

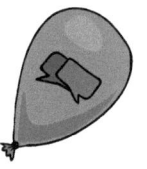

baaluu
der Ballon

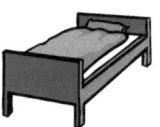

mpa
das Bett

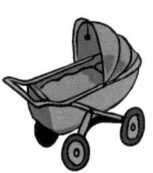

nkwadaa kaa
der Kinderwagen

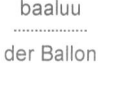

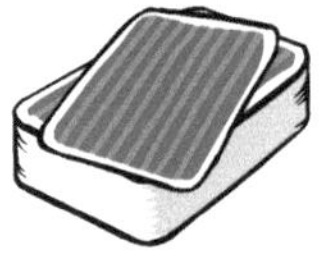

sopaa
das Kartenspiel

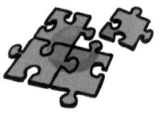

gyiksɔɔ
das Puzzle

nsɛnkwa
der Comic

lego blɔg

die Legosteine

blɔg a yɛde si dan

die Bausteine

nnipa ɔbɔhye

die Action Figur

abɔdoma ataadeɛ

der Strampelanzug

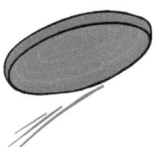

frisbee

das Frisbee

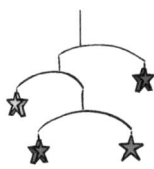

mobail

das Mobile

ponoso agodie

das Brettspiel

daahye

der Würfel

nkwadaa keteke

die Modelleisenbahn

koliko

der Schnuller

apontoɔ

die Party

nfonin nwoma

das Bilderbuch

bɔolo

der Ball

broniba

die Puppe

di agorɔ

spielen

anwea adaka

der Sandkasten

adonko

die Schaukel

tois

das Spielzeug

video agodie apaawa

die Spielkonsole

sakre a ne nan mɛnsa

das Dreirad

kyoobi

der Teddy

wɔdropo

der Kleiderschrank

ntaadeɛ
die Kleidung

sɔks

die Socken

stokens

die Strümpfe

sekentait

die Strumpfhose

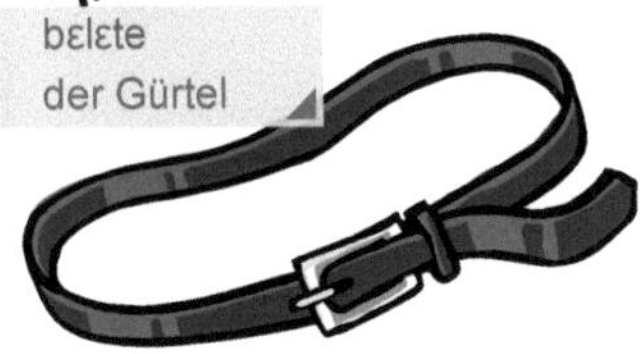

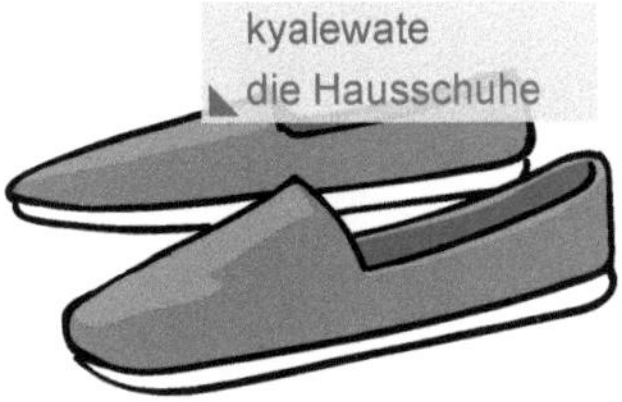

duku
der Schal

kyinieɛ
der Regenschirm

bɛlɛte
der Gürtel

t-hyɛɛt
das T-Shirt

mpaboa
der Stiefel

kyalewate
die Hausschuhe

kamboo
die Turnschuhe

asopatre
....
die Sandalen

mpoboa
....
die Schuhe

rɔba mpaboa
....
die Gummistiefel

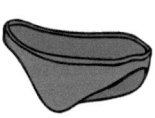

ɛtam
....
die Unterhose

bra
....
der Büstenhalter

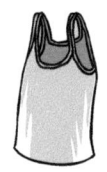

singlɛte
....
das Unterhemd

nipadua

der Body

trɔsa

die Hose

gyins

die Jeans

sekɛɛt

der Rock

ɛsoro ataadeɛ

die Bluse

hyɛɛte

das Hemd

nkatoho a ɛko awɔ

der Pullover

hoodie

der Kapuzenpullover

koot

der Blazer

nkatasɔɔ

die Jacke

nkatasɔɔ

der Mantel

nsutɔ mu nkataho

der Regenmantel

dwumadie bi ho ataadeɛ

das Kostüm

mmaa atadeɛ

das Kleid

ayefrɔ ataadeɛ

das Hochzeitskleid

kootu

der Anzug

mmaa ataadeɛ a yɛde da

das Nachthemd

pigyamas ataadeɛ

der Schlafanzug

sari

der Sari

duku

das Kopftuch

abotire

der Turban

burka

die Burka

kaftan

der Kaftan

nkramofoɔ mmaa atadeɛ

die Abaya

aadeɛ a yɛde dware nsuo

der Badeanzug

asenemu ataadeɛ

die Badehose

nika

die kurze Hose

agokansie ntaadeɛ

der Trainingsanzug

akatasoɔ

die Schürze

nsa nkataho

die Handschuhe

bɔtom

der Knopf

sopɛɛse

die Brille

ahwneɛ

das Armband

komadeɛ

die Halskette

kawa

der Ring

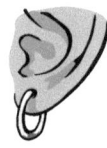

asomadeɛ

der Ohrring

ɛkyɛ

die Mütze

yɛde koot sɛn so

der Kleiderbügel

ɛkyɛ

der Hut

abɔmene mu

die Krawatte

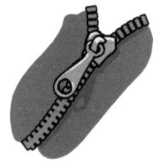

zip

der Reißverschluss

ɛkyɛ denden

der Helm

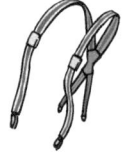

bresis

der Hosenträger

sukuu ataadeɛ

die Schuluniform

adwuma ataadeɛ

die Uniform

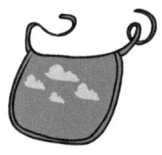

mmɔfra bib

das Lätzchen

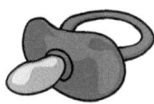

koliko

der Schnuller

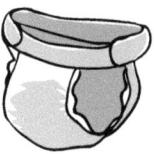

nkwadaa napken

die Windel

asoeɛ

das Büro

sɛɛva
der Server
kabenɛt
der Aktenschrank
printa
der Drucker
rataa
as Papier
monita
der Monitor
Maws
die Maus
ɛpono a yɛyɛ so adwuma
der Schreibtisch
nhyemu
der Ordner
ntwerɛɛɛ pono
die Tastatur
a yɛde krataa nwura gu mu
pierkorb
komputa
der Computer
akonwa
der Stuhl

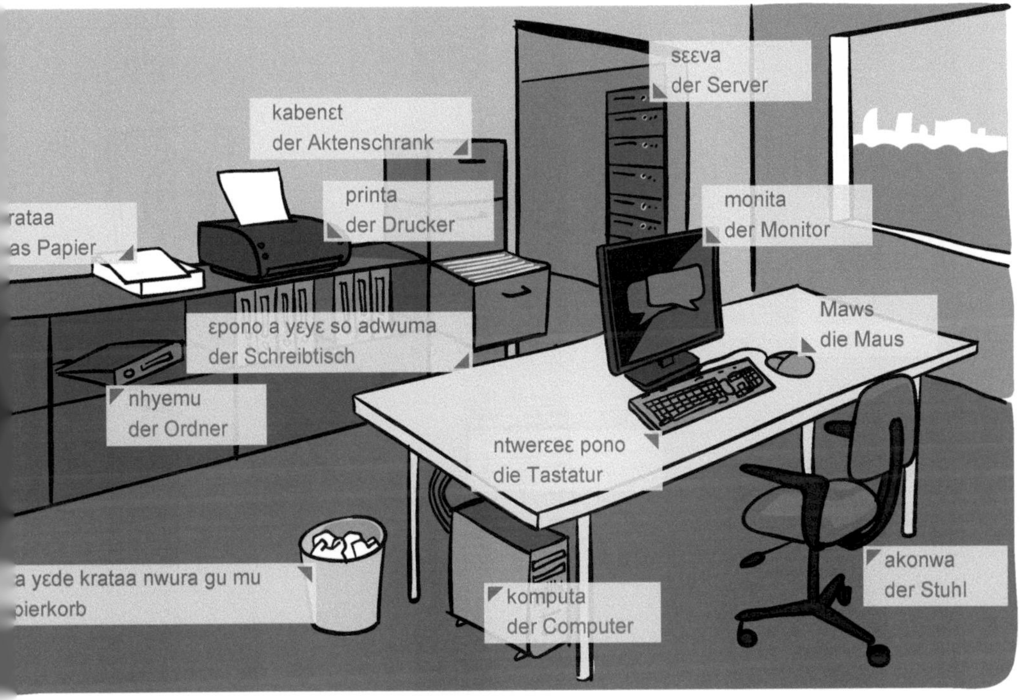

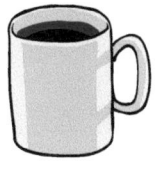

kɔfe kuruwa

der Kaffeebecher

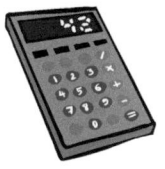

akontabuo fidie

der Taschenrechner

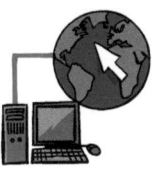

intanɛt

das Internet

laptop

der Laptop

lɛta

der Brief

nkratɔɔ

die Nachricht

mobail kasafidie

das Handy

nɛtwɛke

das Netzwerk

fotokɔpi

der Kopierer

softwɛɛ

die Software

tetefon

das Telefon

sɔkɛt

die Steckdose

faks afidie

das Fax

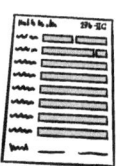

katraa

das Formular

nkrataa

das Dokument

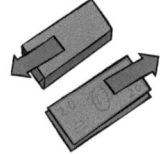

tɔ

kaufen

tua

bezahlen

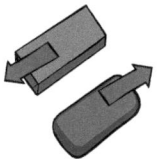

di dwa

handeln

sika

das Geld

USD

dollar

der Dollar

EUR

euro

der Euro

JPY

yen

der Yen

RUB

rubel

der Rubel

CHF

Swiss franks

der Franken

CNY

renminbi yuan

der Renminbi Yuan

INR

rupii

die Rupie

baabi yɛtua sika

der Geldautomat

baabi a yɛ sesa sika

die Wechselstube

sika kɔkɔɔ

das Gold

dwetɛ

das Silber

now

das Öl

ahooden

die Energie

ne boɔ

der Preis

kontragye

der Vertrag

ɛtoɔ

die Steuer

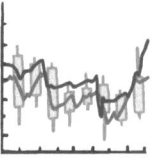

stɔk

die Aktie

adwuma

arbeiten

adwumayɛni

der Angestellte

adwumawura

der Arbeitgeber

mfididwuma mu

die Fabrik

sotɔɔ

das Geschäft

nwuma ahodoɔ
die Berufe

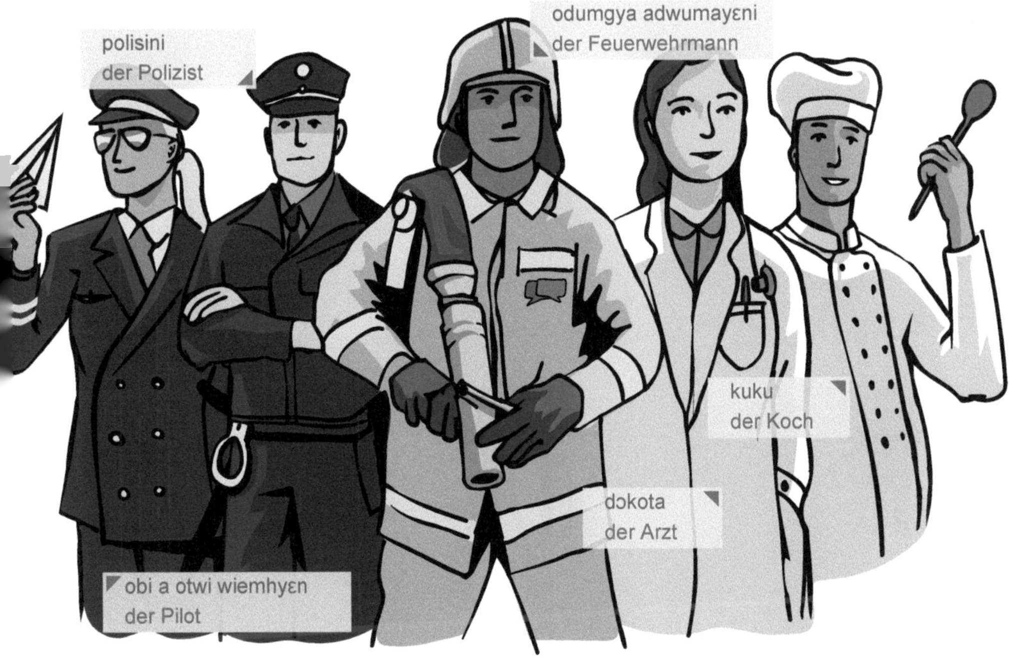
polisini
der Polizist
odumgya adwumayɛni
der Feuerwehrmann
kuku
der Koch
dɔkota
der Arzt
obi a otwi wiemhyɛn
der Pilot

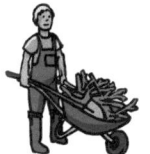

ɔyɛ afuo

der Gärtner

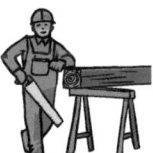

dua dwomfoɔ

der Tischler

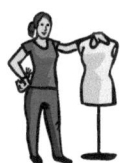

adepani baa

die Näherin

atɛnmuafoɔ

der Richter

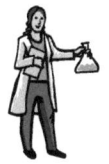

ɔtɔn nnuro

der Chemiker

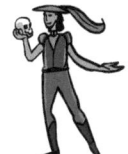

sini yɛfoɔ

der Schauspieler

bɔs drɔba

der Busfahrer

taisi drɔba

der Taxifahrer

ɔpofoɔ

der Fischer

ɔbaa a osiesie fie

die Putzfrau

ɔbɔdanso

der Dachdecker

ɔsom adidieɛ

der Kellner

bɔmɔfoɔ

der Jäger

penta

der Maler

oto paano

der Bäcker

ɔyɛ nkaneɛ ho adwuma

der Elektriker

ɔdansifoɔ

der Bauarbeiter

inginia

der Ingenieur

ɔdwa nam

der Schlachter

plɔmba

der Klempner

krataa manefoɔ

der Postbote

sogyani

der Soldat

ɔdwi adan

der Architekt

ɔgyegye sika

der Kassierer

ɔtɔn nhwiren

der Florist

ɔyɛ tire

der Friseur

meeti

der Schaffner

fitani

der Mechaniker

nnipa a otwi suhyɛn

der Kapitän

ɛsee dɔkota

der Zahnarzt

abɔdeɛ mu nimdefoɔ

der Wissenschaftler

rabi

der Rabbi

kramo panin

der Imam

ɔsɔfo

der Mönch

ɔsɔfo

der Geistliche

anwenade
die Werkzeuge

hama
der Hammer
playa
die Zange
skrudrɔba
der Schraubendreher
sopana
der Schraubenschlüssel
abɛɛfo tɛnee
die Taschenlar

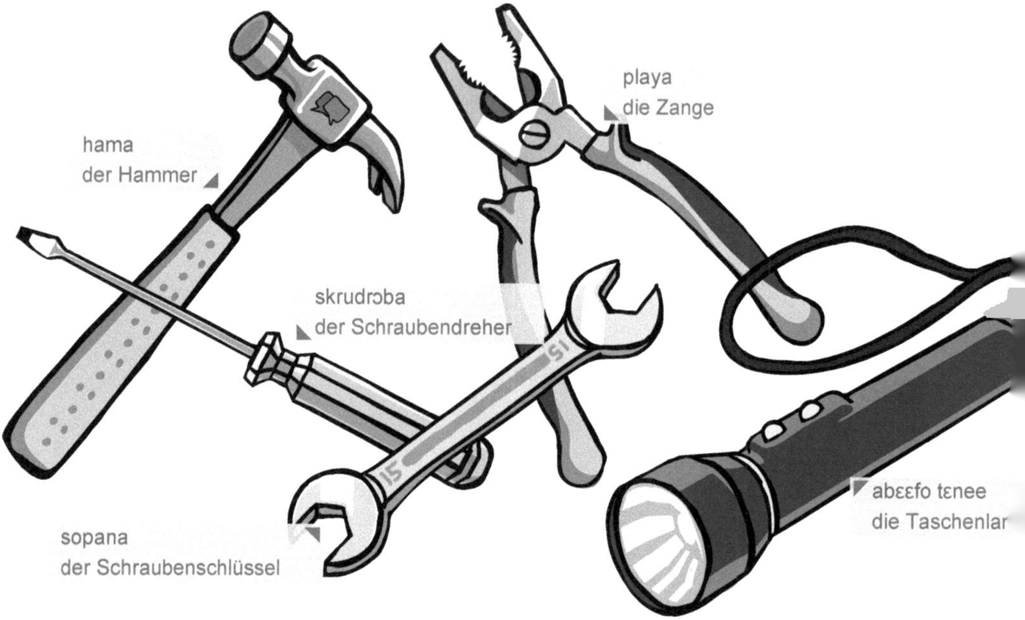

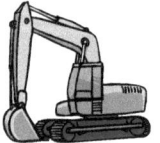

otu amena
....
der Bagger

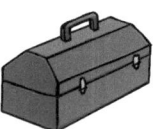

anwenade adaka
....
der Werkzeugkasten

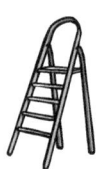

atwedeɛ
....
die Leiter

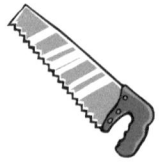

asradaa
....
die Säge

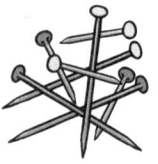

nnadewa
....
die Nägel

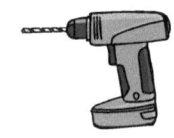

afidie a yɛde bɔne tokro
....
der Bohrer

siesie
reparieren

sofi
die Schaufel

Ebei!
Mist!

asanwura
das Kehrblech

penti kukuo
der Farbtopf

skruu
die Schrauben

nneɛma a yɛde bɔ nwom
die Musikinstrumente

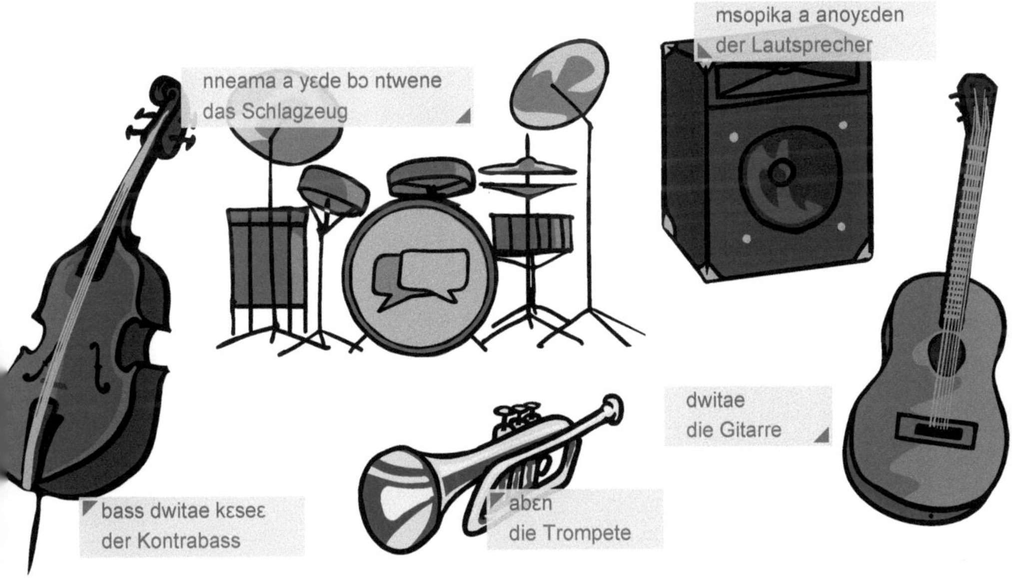

msopika a anoyɛden
der Lautsprecher

nneama a yɛde bɔ ntwene
das Schlagzeug

dwitae
die Gitarre

bass dwitae kɛseɛ
der Kontrabass

abɛn
die Trompete

sankuo

das Klavier

ahoma sankuo

die Violine

bass dwitae

der Bass

atumpan

die Pauke

ntwene

die Trommeln

ntwerɛeɛ apa

das Keyboard

saksofon

das Saxophon

atentenbɛn

die Flöte

maikrofon

das Mikrofon

zoo

der Zoo

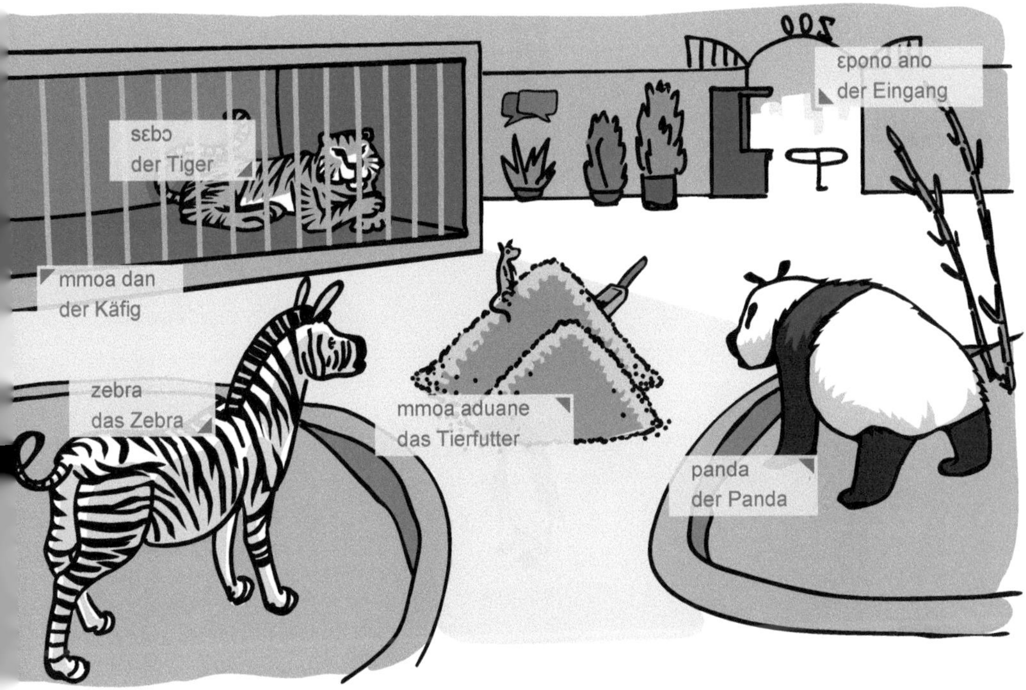
ɛpono ano
der Eingang
sɛbɔ
der Tiger
mmoa dan
der Käfig
zebra
das Zebra
mmoa aduane
das Tierfutter
panda
der Panda

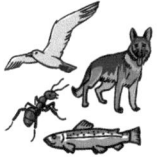

mmoa
die Tiere

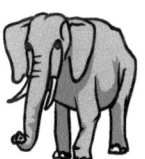

ɔsono
der Elefant

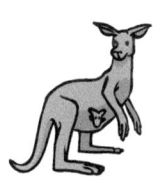

kangaru
das Känguruh

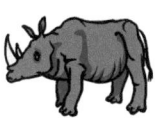

raino
das Nashorn

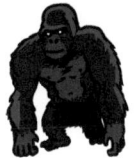

akatea
der Gorilla

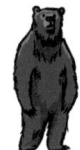

sisire
der Bär

afunupɔnkɔ

das Kamel

sohori

der Strauß

gyata

der Löwe

adwee

der Affe

flamingo

der Flamingo

ako

der Papagei

awɔ mu sisire

der Eisbär

penguin

der Pinguin

oboodede

der Hai

akɔkonini abankwa

der Pfau

wɔwɔ

die Schlange

dɛnkyɛm

das Krokodil

nnipa ɛhwɛ zoo so

der Zoowärter

nsuo mu gyata

die Robbe

sebɔ

der Jaguar

pɔnkɔ ba

das Pony

etwie

der Leopard

susuono

das Nilpferd

kɔntenten

die Giraffe

ɔkɔdeɛ

der Adler

kɔkote

das Wildschwein

apataa

der Fisch

sudandan

die Schildkröte

walrus

das Walross

sakraman

der Fuchs

ɔtwee

die Gazelle

Amerikafoɔ futbɔɔlo
das American Football

skre twie
das Radfahren

tennis
das Tennis

basketbɔɔlo
der Basketball

nsuom adwareɛ
das Schwimmen

akutruku
das Boxen

asukɔkyea so hɔki
das Eishockey

futbɔl
der Fußball

badmintin
das Badminton

mirikatuo
die Leichtathletik

bɔɔlo a yɛde nsa bɔ
der Handball

skii
das Skilaufen

polo
das Polo

sere
lachen

huri
springen

bam
umarmen

nante
gehen

to dwom
singen

so daeɛ
träumen

bɔ mpaeɛ
beten

fe ano
küssen

twerɛ

schreiben

dwi

zeichnen

kyerɛ

zeigen

pia

drücken

ma

geben

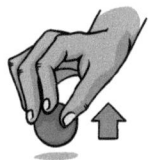

fa

nehmen

nya

haben

yɛ

tun

yɛ

sein

gyina

stehen

tu mirika

laufen

twe

ziehen

to

werfen

tɔ fam

fallen

da hɔ

liegen

twɛn

warten

soa

tragen

tenase

sitzen

hyɛ ataadeɛ

anziehen

da

schlafen

nyane

aufwachen

hwɛ
....
ansehen

su
....
weinen

san ho
....
streicheln

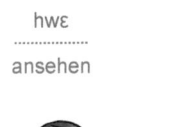

nunum
....
kämmen

kasa
....
reden

te aseɛ
....
verstehen

bisa
....
fragen

tie
....
hören

nom
....
trinken

didi
....
essen

yɛ nsiesie
....
aufräumen

ɔdɔ
....
lieben

noa
....
kochen

twi
....
fahren

tu
....
fliegen

fa nsuo so

segeln

sese

rechnen

kenkan

lesen

sua

lernen

adwuma

arbeiten

ware

heiraten

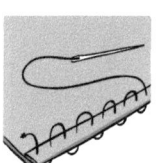

pam

nähen

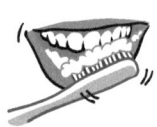

twitwiri wo se

Zähne putzen

kum

töten

nom gyɔt

rauchen

mane

senden

abusua
die Familie

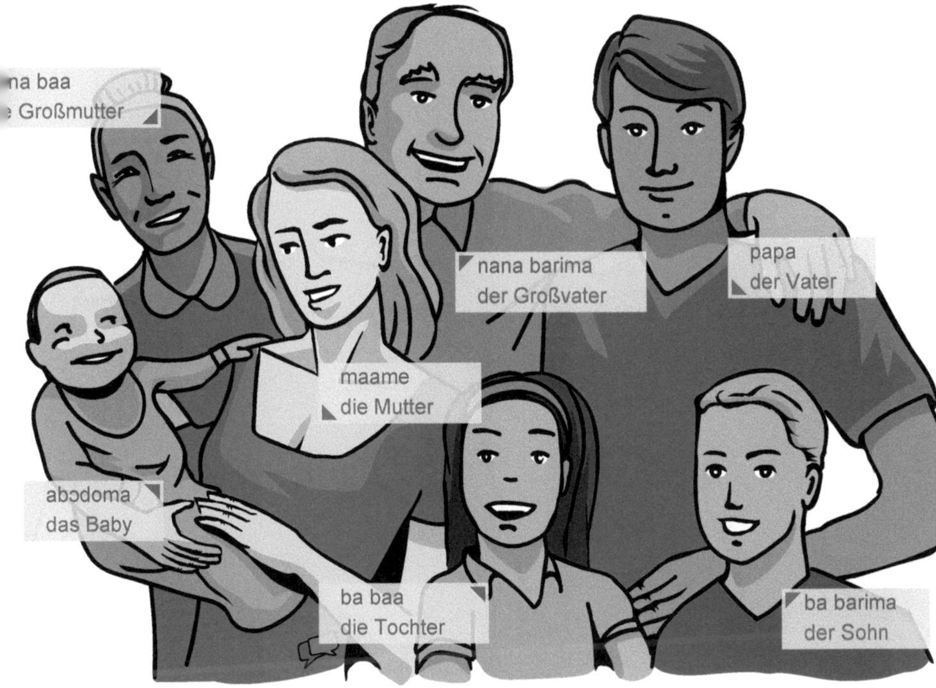
na baa
Großmutter
nana barima
der Großvater
papa
der Vater
maame
die Mutter
abɔdoma
das Baby
ba baa
die Tochter
ba barima
der Sohn

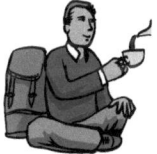

ɔhɔhoɔ

der Gast

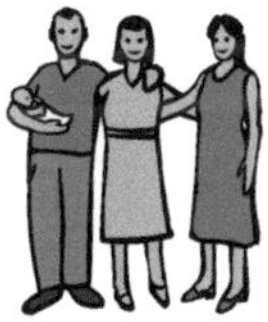

sewaa

die Tante

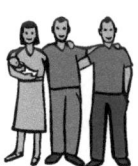

wɔfa

der Onkel

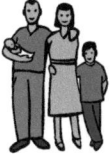

nua barima

der Bruder

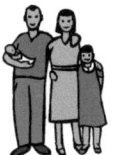

nua baa

die Schwester

nipadua
der Körper

moma
die Stirn
ani
das Auge
abɛtire
die Schulter
nsatea
der Finger
anim
das Gesicht
apantan
das Kinn
nsa
die Hand
ɛnan
das Bein
nufoɔ
die Brust
nsa
der Arm

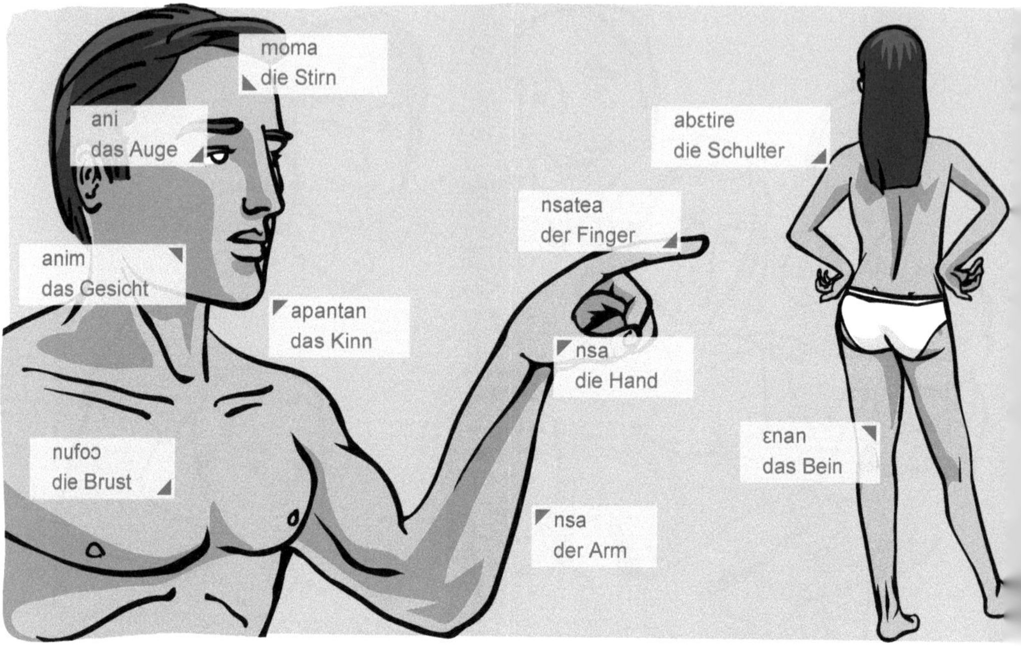

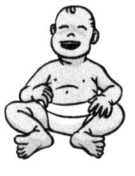

abɔdoma
das Baby

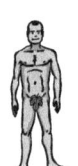

barima
der Mann

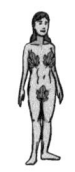

ɔbaa
die Frau

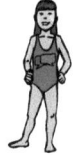

abayewa
das Mädchen

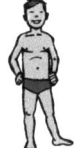

abarimawa
der Junge

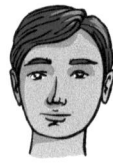

etire
der Kopf

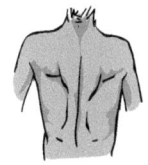

akyi

der Rücken

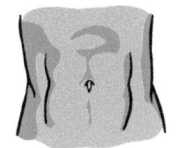

afro

der Bauch

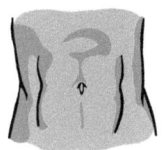

fruma

der Nabel

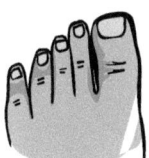

nansoa

der Zeh

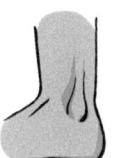

nantini

die Ferse

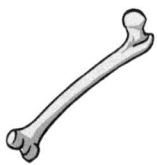

dompe

der Knochen

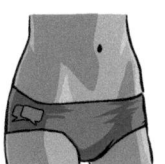

ataasɔɔ

die Hüfte

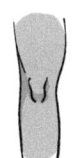

kotodwe

das Knie

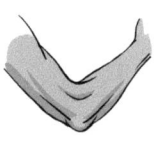

abatwɛ

der Ellenbogen

ɛhwene

die Nase

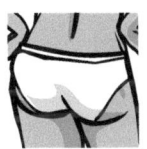

ɛtoɔ

das Gesäß

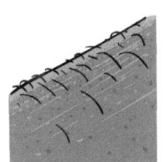

wedeɛ

die Haut

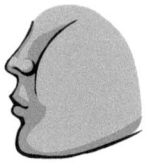

afono

die Wange

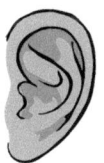

aso

das Ohr

ano

die Lippe

anom

der Mund

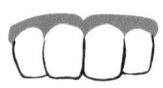

ɛsee

der Zahn

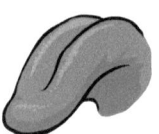

tɛkyerɛma

die Zunge

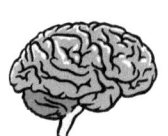

adwene

das Gehirn

akoma

das Herz

ntini

der Muskel

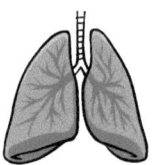

aharawa

die Lunge

brɛbɔɔ

die Leber

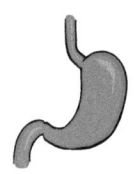

yafunu

der Magen

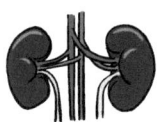

asaa

die Nieren

nna

der Geschlechtsverkehr

kɔndɔm

das Kondom

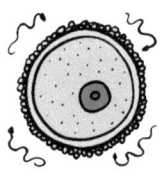

ɔbaa nkosua

die Eizelle

barima ho nsuo

das Sperma

nyinsɛn

die Schwangerschaft

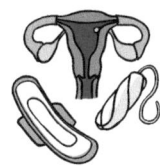

nsabuo
....

die Menstruation

ɛtwɛ
....

die Vagina

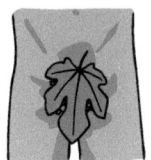

kɔteɛ
....

der Penis

anintɔn
....

die Augenbraue

enwin
....

das Haar

ɛkɔn
....

der Hals

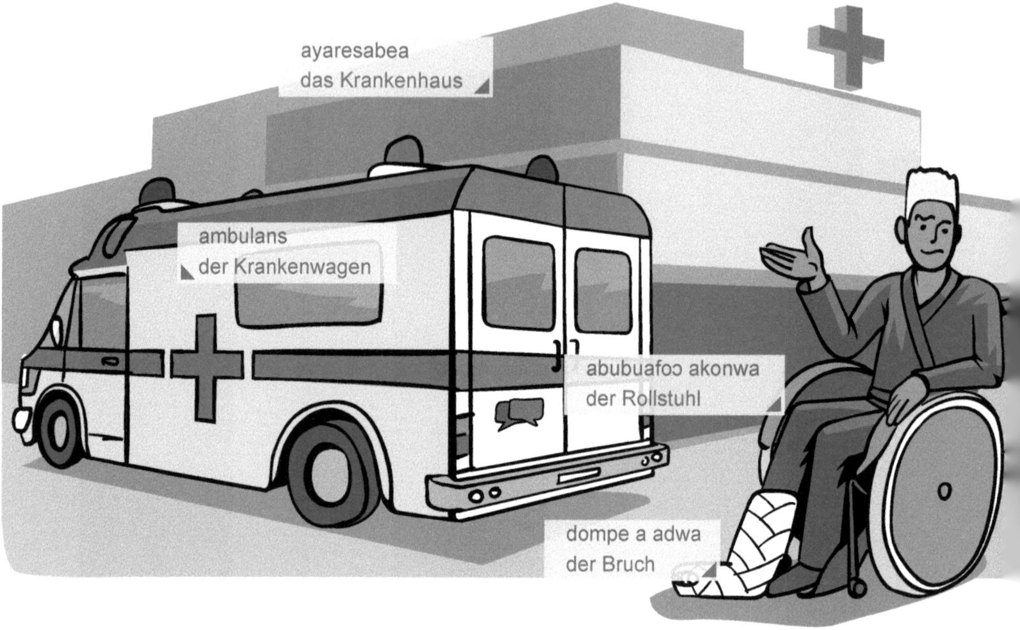

ayaresabea
das Krankenhaus

ambulans
der Krankenwagen

abubuafoɔ akonwa
der Rollstuhl

dompe a adwa
der Bruch

dɔkota
der Arzt

ɛdan a wɔde putupru nsɛm kɔmu
die Notaufnahme

nɛɛse
die Krankenschwester

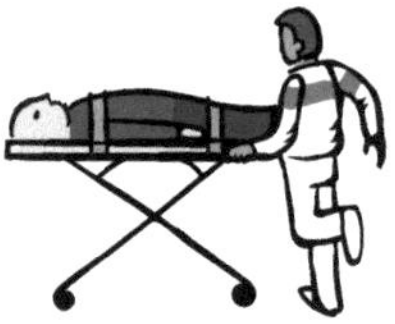

putupru
der Notfall

wɔ atwa ahwe
ohnmächtig

yea
der Schmerz

epira

die Verletzung

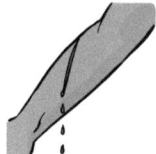

mogyatuo

die Blutung

akoma yarenini

der Herzinfarkt

stroke yareɛ

der Schlaganfall

allegyi

die Allergie

ɛwa

der Husten

ahoɔhyeɛ

das Fieber

papu

die Grippe

ayamtuo

der Durchfall

tipaeɛ

die Kopfschmerzen

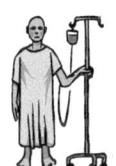

kokoram

der Krebs

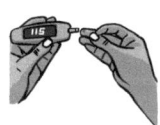

asikyire yareɛ

die Diabetis

dɔkota a ɛyɛ oprehyɛn

der Chirurg

skapɛl sekan

das Skalpell

aprehyɛn

die Operation

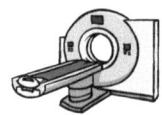

CT
....
das CT

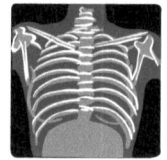

x-ray
....
das Röntgen

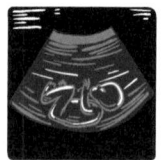

ultrasound
....
das Ultraschall

nkatanim
....
die Maske

yareɛ
....
die Krankheit

ɛdan a wɔ twɛn mu
....
das Wartezimmer

krɔhyes
....
die Krücke

plasta
....
das Pflaster

banege
....
der Verband

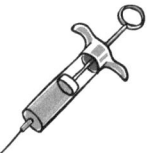

paneɛ
....
die Injektion

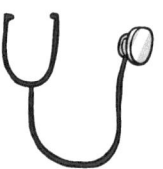

Stetoskop
....
das Stethoskop

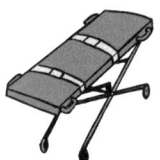

ahomankaa
....
die Trage

afidie a esusu ahɔɔhyeɛ
....
das Thermometer

awoɔ
....
die Geburt

kɛseɛ mmorosoɔ
....
das Übergewicht

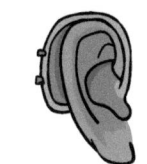

afidie a ɛboa asɛmtie

das Hörgerät

aduro a ekum mmoawa

das Desinfektionsmittel

yareɛ a mmoawa deba

die Infektion

vaarɔs

das Virus

HIV / AIDS

das HIV / AIDS

aduro

die Medizin

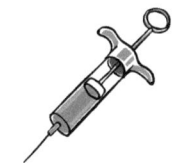

aduro a esi yareɛ ano

die Impfung

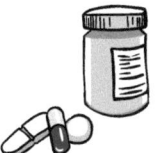

aduro tablɛte

die Tabletten

topaeɛ

die Pille

ɔfrɛ wɔ putupru so

der Notruf

afidie a esusu mogya mmrosɔɔ

das Blutdruck-Messgerät

yareɛ / apomuden

krank / gesund

Boa me!

Hilfe!

kɔkɔbɔ

der Alarm

ɛborɔ

der Überfall

ato ahyɛ obi so

der Angriff

ɛyɛ hu

die Gefahr

baabi a yɛfa de pue putupru so

der Notausgang

Ogya!

Feuer!

afidie a yɛde dumgya

der Feuerlöscher

nkwanhyia

der Unfall

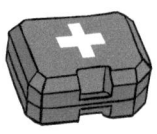

nneɛma yɛde sɔ yareɛ ano

der Erste-Hilfe-Koffer

SOS

SOS

polisi

die Polizei

Yuropo

das Europa

Amerika atifi

das Nordamerika

Amerika ananfɔ

das Südamerika

Abiberm

das Afrika

Asia

das Asien

Australia

das Australien

Atlantik

der Atlantik

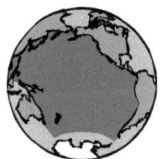

Pasifek

der Pazifik

India po kɛseɛ

der Indische Ozean

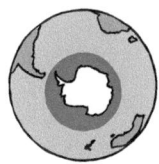

Antaatek po keseɛ

der Antarktische Ozean

Aatek po kɛseɛ

der Arktische Ozean

Ewiase atifi

der Nordpol

Ewiase anaafoɔ
der Südpol

Antaatek
die Antarktis

Ewiase
die Erde

asaase
das Land

ɛpo
das Meer

supɔ
die Insel

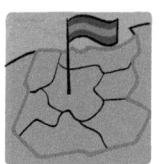

ɔman
die Nation

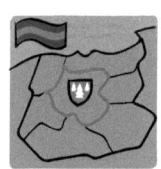

ɔman
der Staat

kloko no anim

das Zifferblatt

dɔnhwere nsa no

der Stundenzeiger

sima nsa

der Minutenzeiger

anitɛtɛ nsa no

der Sekundenzeiger

Abɔ sɛn?

Wie spät ist es?

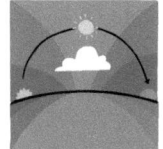

da

der Tag

berɛ

die Zeit

seeseiara

jetzt

wkye a nɔma wɔ so

die Digitaluhr

sima

die Minute

dɔnhwere

die Stunde

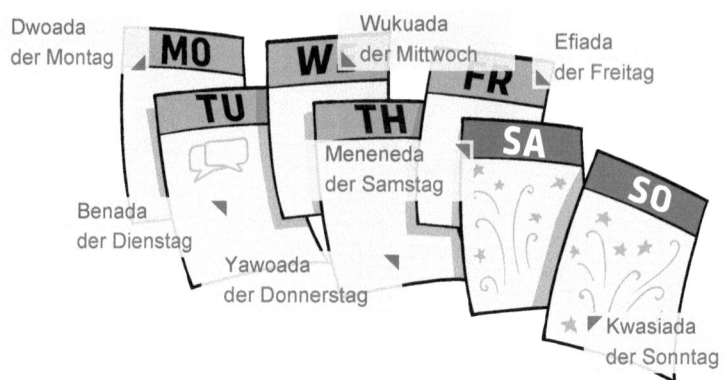

Dwoada
der Montag

Wukuada
der Mittwoch

Efiada
der Freitag

Benada
der Dienstag

Meneneda
der Samstag

Yawoada
der Donnerstag

Kwasiada
der Sonntag

ɛnora

gestern

ɛnora

heute

ɔkyina

morgen

anɔpa

der Morgen

prɛmtobrɛ

der Mittag

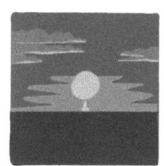

anwumerɛ

der Abend

MO	TU	WE	TH	FR	SA	SU
1	2	3	4	5	6	7
8	9	10	11	12	13	14
15	16	17	18	19	20	21
22	23	24	25	26	27	28
29	30	31	1	2	3	4

adwuma nna

die Arbeitstage

MO	TU	WE	TH	FR	SA	SU
1	2	3	4	5	6	7
8	9	10	11	12	13	14
15	16	17	18	19	20	21
22	23	24	25	26	27	28
29	30	31	1	2	3	4

nnawɔtwe awieɛ

das Wochenende

afe
das Jahr

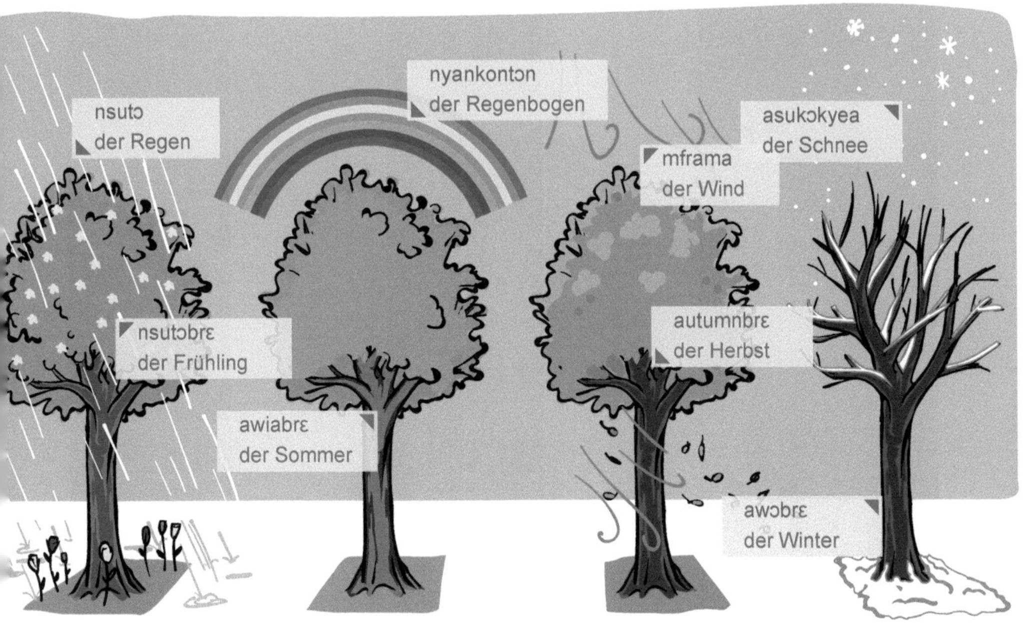

nsutɔ
der Regen
nyankontɔn
der Regenbogen
asukɔkyea
der Schnee
mframa
der Wind
nsutɔbrɛ
der Frühling
autumnbrɛ
der Herbst
awiabrɛ
der Sommer
awɔbrɛ
der Winter

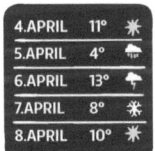

4.APRIL 11°
5.APRIL 4°
6.APRIL 13°
7.APRIL 8°
8.APRIL 10°

ewiem nsakrɛɛɛ

die Wettervorhersage

F C
120 90 60 30 0 -30
40 30 20 10 0 -10 -20

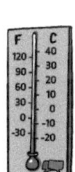

afidie a esusu ade ho hyeɛ

das Thermometer

awiabɔ

der Sonnenschein

munukum

die Wolke

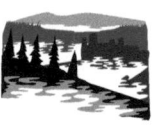

ɛbɔ

der Nebel

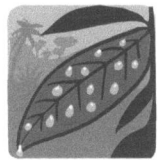

ewiem nsuo

die Luftfeuchtigkeit

ayerɛmo

der Blitz

apranaa

der Donner

ehum

der Sturm

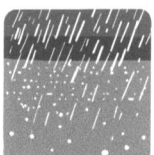

asukɔkyea

der Hagel

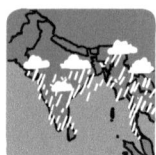

monsoonbrɛ

der Monsun

nsuyiri

die Flut

aise

das Eis

ɔpɛpɔn

der Januar

ɔgyefoɔ

der Februar

ɔbɛnem

der März

Oforisuo

der April

Kotonimaa

der Mai

Ayɛwohomumu

der Juni

Kitawonsa

der Juli

ɔsanaa

der August

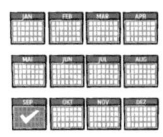

εbɔ
....
der September

Ahinime
....
der Oktober

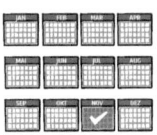

Obubuo
....
der November

ɔpεnimaa
....
der Dezember

abosuo
die Formen

kanko
....
der Kreis

sokwεε
....
das Quadrat

rεktangel
....
das Rechteck

triangel
....
das Dreieck

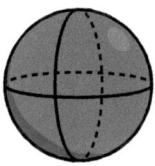

krukruwa
....
die Kugel

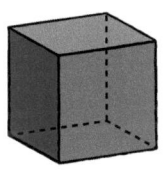

adaka
....
der Würfel

fitaa

weiß

akokɔ sradeɛ

gelb

ankaa

orange

pink

pink

kɔkɔɔ

rot

pɛpol

lila

bruu

blau

ahaban mono

grün

braun

braun

nson

grau

tuntum

schwarz

pii / ketewa

viel / wenig

wo boafu / wɔ adwo

wütend / friedlich

ɛyɛ fɛ / ɛyɛ tan

hübsch / hässlich

ahyɛseɛ / awieɛ

der Anfang / das Ende

kɛseɛ / esua

groß / klein

ɛha / esum

hell / dunkel

nuabarima / nuabaa

er Bruder / die Schwester

ɛho te / ayɛ fin

sauber / schmutzig

awie / enwieɛ

vollständig / unvollständig

awia / anadwo

der Tag / die Nacht

awu / ɛte ase

tot / lebendig

emubae / ɛyɛ tea

breit / schmal

yɛde /yɛnni

genießbar / ungenießbar

bɔne / tema

böse / freundlich

wɔ aniagye / wɔ ani nka

aufgeregt / gelangweilt

ɔso / teatea

dick / dünn

edikan / etwatoɔ

zuerst / zuletzt

adamfoɔ / atamfo

der Freund / der Feind

ayɛ mma / hwee nim

voll / leer

ɛdenden / mmerɛ mmerɛ

hart / weich

ɛyɛ duru / ɛyɛ ha

schwer / leicht

ɛkɔm / nsukɔm

der Hunger / der Durst

yareɛ / apomuden

krank / gesund

etia mmara / ɛwɔ mmara mu

illegal / legal

nyansa / gyimi

intelligent / dumm

benkum / nifa

links / rechts

ɛbɛn / akyire

nah / fern

foforɔ / dada

neu / gebraucht

hwee / biribi

nichts / etwas

wɔ anyini/ ɔsua

alt / jung

sɔ /dum

an / aus

bue / tom

offen / geschlossen

dinn / dede

leise / laut

ɔdefoɔ / ohia

reich / arm

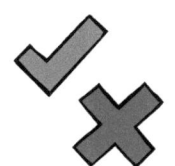

nifa / benkum

richtig / falsch

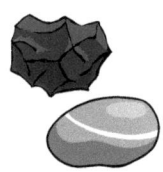

wserewerɛwerewerɛ /
trɔntrɔn
rau / glatt

awerɛhoɔ / anigyeɛ

traurig / glücklich

tietia / tenten

kurz / lang

nyaa / ntɛm

langsam / schnell

afɔ / awɔ

nass / trocken

dedɛɛdeɛɛ / adwo

warm / kühl

akoo / asomdweɛ

der Krieg / der Frieden

0

hwee

null

1

baako

eins

2

mienu

zwei

3

meɛnsa

drei

4

ɛnan

vier

5

enum

fünf

6

nsia

sechs

7

nson

sieben

8

nwɔtwe

acht

9

nkron

neun

10

edu

zehn

11

du-baako

elf

12
du-mienu

zwölf

13
du-mɛɛnsa

dreizehn

14
du-nan

vierzehn

15
du-num

fünfzehn

16
du-nsia

sechzehn

17
de-nson

siebzehn

18
du-nwɔtwe

achtzehn

19
du-nkron

neunzehn

20
aduonu

zwanzig

100
ɔha

hundert

1.000
apem

tausend

1.000.000
ɔpepem

million

Brɔfo

Englisch

Amerikafoɔ Brɔfo

Amerikanisches Englisch

Chainfoɔ Mandarin

Chinesisch Mandarin

Hindi

Hindi

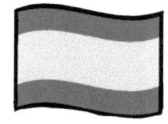

Spainfoɔ kasa

Spanisch

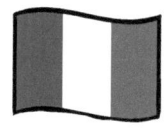

French kasa

Französisch

Arabia kasa

Arabisch

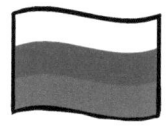

Russianfoɔ kasa

Russisch

Portugalfoɔ kasa

Portugiesisch

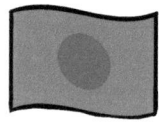

Bengali

Bengalisch

Germanfoɔ kasa

Deutsch

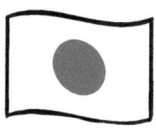

Japanfoɔ kasa

Japanisch

Me
ich

wo
du

ono
er / sie / es

yɛn
wir

wo
ihr

ɔmmo
sie

hwan?
wer?

dɛɛ bɛn?
was?

ɛyɛ deɛn?
wie?

ehen?
wo?

dabɛn?
wann?

HELLO, I AM

edin
Name

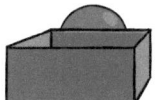

akyire

hinter

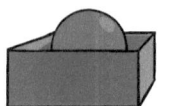

emu

in

anim

vor

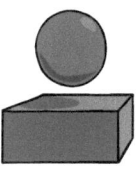

ɛsoro

über

ɛso

auf

aseɛ

unter

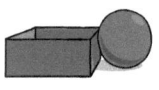

nkyɛn

neben

ntɛm

zwischen

beaɛ

der Ort